Catherine Pluvinage

Créations en laine feutrée

volume 2

Le Temps Apprivoisé
7, rue des Canettes
75006 Paris

Du même auteur

Créations en laine feutrée, vol. 1

Tous mes remerciements à Laure Berbineau et Anne Dayez pour leur collaboration

Merci à Loisirs et Création, pour les perles et les paillettes
Tél. : 01 41 80 64 00, www.loisirsetcreation.com

Merci à Plassard
F - 71800 Varenne-sous-Dun
Tél. : 03 85 28 00 66
www.laines-plassard.com

Merci à Pain d'Épices
29, passage Jouffroy
75009 Paris
Tél. : 01 47 70 08 68
www. paindepices.fr

CONCEPTION GRAPHIQUE
Anne Bénoliel

PHOTOGRAPHIES
Pierre Ferbos

PHOTOGRAVURE
Alésia Studio

Dépôt légal : août 2006
ISBN : 2-283-58673-9/978-2-283-58673-0

Imprimé en France par Clerc

SOMMAIRE

Pour chaque réalisation, le nombre de boules précise le degré de difficulté:

● **Facile** ●● **Assez facile** ●●● **Assez difficile** ●●●● **Difficile**

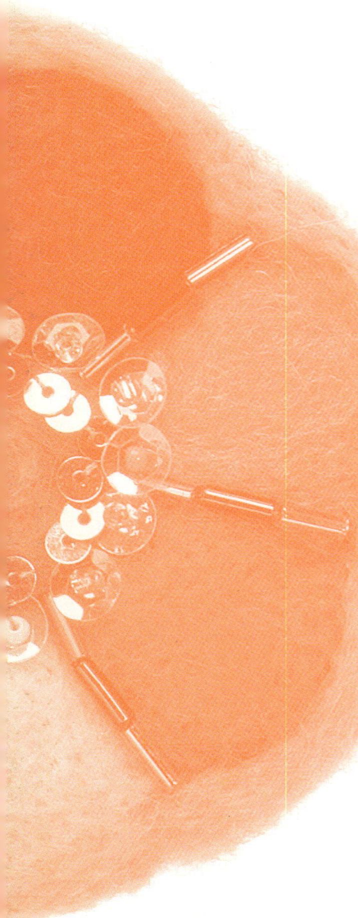

EXPLICATIONS TECHNIQUES

DÉFINITION

Feutre *(Larousse)*: *étoffe obtenue sans filature ni tissage par agrégation intime de poils ou de filaments de laine.*

Cardé *(Larousse)*: *fil composé de fibres courbes et grossières n'ayant pas subi l'opération de peignage.*

Il existe deux techniques pour obtenir du feutre à partir de la laine cardée: le feutrage à l'eau et au savon de Marseille et le feutrage à l'aiguille.

FEUTRAGE À L'EAU ET AU SAVON DE MARSEILLE

MATÉRIEL

- Natte en bambou, découpée dans un store en bambou, dimensions : 60 x 180 cm ou 80 x 180 cm, selon la taille de l'objet à obtenir.
- Serviette-éponge
- Grosse casserole en métal ou bassine
- Éponge ou petite tasse (pour mouiller la laine)
- Coupon de tulle
- Savon de Marseille (en pain ou liquide)
- Laine cardée en pelotes ou en nappes

Il existe deux techniques pour obtenir du feutre à partir de la laine cardée: le **feutrage à l'aiguille** ou le **feutrage à l'eau et au savon de Marseille.**

TECHNIQUE

- Superposez la serviette-éponge puis la natte.
- Après avoir nettoyé la laine cardée de ses impuretés, étalez-la sur le bas de la natte. S'il s'agit de laine en pelotes et si vous désirez une pièce de laine épaisse, entrecroisez une seconde couche perpendiculairement à la première. Il faut prévoir une surface d'un tiers plus grande que le résultat voulu, à cause du rétrécissement de la laine.
- Remplissez la cocotte ou la bassine d'eau très chaude et mouillez la laine uniformément, soit avec une éponge, soit avec un petit récipient.
- Placez ensuite le tulle sur la laine, avant d'en savonner doucement toute la surface.
- Retirez le tulle, lissez la laine pour enlever les bulles, et commencez à enrouler la natte en enfermant la pièce de laine.
- Aplatissez-la un peu si vous voyez des plis se former, ou soulevez légèrement la natte. Vous pourrez rectifier ces plis lors du feutrage suivant. Effectuez un léger mouvement de va-et-vient pendant une dizaine de secondes.
- Ouvrez la natte et tournez la pièce d'un quart de cercle avant de recommencer l'opération.
- Au fur et à mesure, la laine va se durcir peu à peu, et vous pourrez accentuer la pression et la durée du feutrage. Tournez chaque fois votre ouvrage de manière que la laine se feutre uniformément et ne s'étire pas dans le même sens.
- Changez également de sens votre pièce de laine, de temps en temps, pour la feutrer recto verso. Si votre surface de laine est importante ou très mouillée, pliez-la avant de la retourner.

• Au bout d'une dizaine de fois, votre laine est feutrée, et plus vous réitérerez l'opération, plus le résultat sera dense.
• Rincez ensuite la laine, essorez-la légèrement et faites-la sécher, si possible à plat. Vous pouvez aussi l'essorer énergiquement et la faire rouler entre les mains pour un résultat gaufré.

Vous obtenez ainsi une plaque de laine feutrée que vous pouvez coudre, couper, pour réaliser de petits objets tels que : feuilles, fleurs... ou de plus grands comme des pochettes ou des sacs.

À noter : vous pouvez également trouver des plaques toutes faites dans le commerce.

1 - Savonnez la laine

2 - Enroulez la natte

MÉTHODE DU CHABLON

Elle consiste à intercaler un morceau de plastique ou de tissu entre deux épaisseurs de laine, en laissant juste les bordures, que l'on souhaite voir se souder, en contact. On peut ainsi créer sans couture une housse de coussin, un sac, une pochette, mais aussi doubler une surface de laine à feutrer pour réaliser une écharpe.

• Pour réaliser une écharpe, par exemple, étalez sur toute la largeur de la natte une couche de laine de 30 cm de large. Feutrez une première fois, puis intercalez un plastique qui couvrira tous les bords sauf le côté à rabattre sur quelques centimètres.
• Ajoutez une deuxième couche de laine sur le plastique en prenant soin qu'elle recouvre bien le bord rabattu de manière que les 2 épaisseurs se soudent.
• Mouillez, savonnez et feutrez.
• Pliez l'écharpe en deux pour la tourner d'un quart de cercle entre deux feutrages. Pensez à la retourner recto verso de temps en temps.
• Lorsque l'opération vous paraîtra terminée, rincez l'écharpe, essorez-la délicatement et faites-la sécher.

Notre exemple photo illustre la réalisation d'une pochette.

• Étalez une couche de laine (dimensions d'un tiers supérieures au résultat final) et feutrez-la une première fois dans la natte.
• Repliez le bord supérieur ou rectifiez-le rapidement aux ciseaux pour avoir une bordure nette. Superposez un morceau de plastique ou de tissu qui recouvrira le bord supérieur de la pochette, mais sera de 2 cm moins large que les 3 autres côtés.

• Repliez ceux-ci sur le plastique, désépaississez les angles aux ciseaux, si nécessaire, et superposez une deuxième couche de laine sur la surface totale.
• Mouillez-la et feutrez l'ensemble délicatement plusieurs fois en tournant chaque fois d'un quart de cercle la pochette.
• Prenez soin de replacer le plastique et la pochette entre deux feutrages et retournez l'ensemble de temps en temps pour feutrer uniformément les deux côtés.

Méthode du chablon : réalisation d'une pochette

FEUTRAGE À L'AIGUILLE OU AIGUILLETAGE

MATÉRIEL

- Jeu de 4 aiguilles striées de tailles différentes : très fine, fine, moyenne et grosse
- Embouts en bois à fixer sur les aiguilles pour un meilleur confort
- Embout en bois pour fixer 4 aiguilles ensemble
- Pain de mousse spéciale
- Laine en pelotes ou en nappes

Cette technique permet de modeler la laine cardée et d'obtenir des petits objets en feutre avec beaucoup de finesse et de détails. On l'utilise par exemple pour créer des animaux, des fleurs, des cœurs, des formes diverses... L'embout avec les 4 aiguilles permet de pré-feutrer une petite surface de laine que vous devrez ensuite retravailler à l'aiguille ou à l'eau et au savon.

- Pour créer un objet, commencez par prendre une mèche de laine, modelez-la avec les doigts pour lui donner la forme souhaitée, puis travaillez-la avec la grosse aiguille ou la moyenne pour dégrossir le travail : placez la mèche sur le pain de mousse et effectuez des mouvements de va-et-vient avec l'aiguille. Les stries et le mouvement vont peu à peu densifier la laine.
- Affinez ensuite le travail avec l'aiguille fine. Ajoutez de la laine au fur et à mesure que votre objet prend forme et prenez soin de décoller régulièrement votre ouvrage du pain de mousse. Plus vous feutrerez, meilleur sera votre résultat.

• Il est nécessaire, à la fin, de tout feutrer avec l'aiguille fine pour que le résultat soit homogène et qu'il n'y ait plus de traces d'aiguille.

Cette technique permet aussi d'incruster de la laine dans d'autres matières : on peut ainsi dessiner des motifs sur des tissus, mais aussi sur de la rabane, du polystyrène…

Comme nous le verrons plus loin, il existe de nombreux cas où la technique à l'eau et la technique à l'aiguille sont complémentaires : l'aiguilletage permet de définir sommairement une forme, que la technique à l'eau permettra ensuite de feutrer de manière plus homogène.

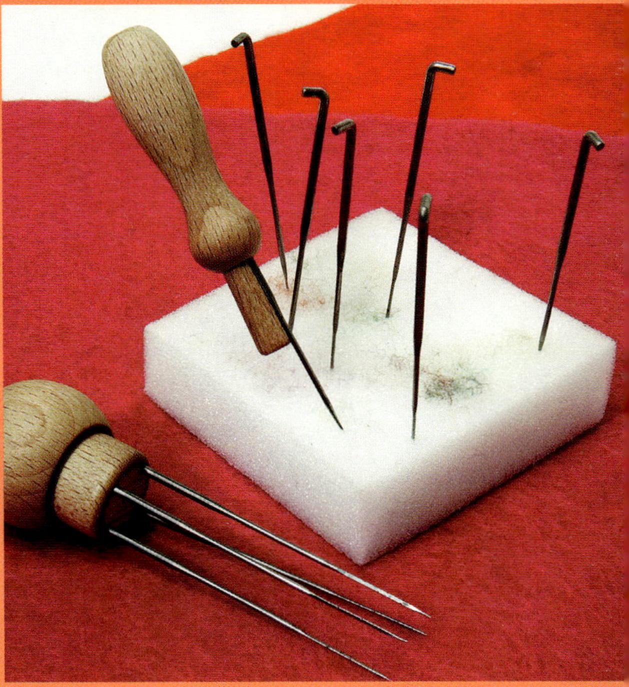

FABRICATION D'ACCESSOIRES : CORDONS ET BOULES

Le savon de Marseille liquide facilite la fabrication des cordons et des boules.

Les cordons

• Prenez une mèche de laine d'une longueur supérieure à celle du cordon que vous désirez réaliser. Roulez-la entre les mains puis trempez-la dans un récipient d'eau chaude en la faisant tourner énergiquement.

• Savonnez-la ensuite au savon de Marseille et roulez-la entre les mains sur toute sa longueur jusqu'à ce que le cordon soit complètement feutré et bien dense. Rincez-le et faites-le sécher.

• Vous pouvez lui donner un aspect gaufré en le faisant rouler entre les mains et le laisser sécher en boule. Vous pouvez également mélanger des laines : dans ce cas, vous pouvez utiliser l'aiguilletage avant le feutrage au savon. Choisissez plusieurs couleurs et assemblez-les grossièrement avec l'embout muni des 4 aiguilles. Savonnez ensuite votre cordon et feutrez-le entièrement.

L'embout avec les 4 aiguilles vous permet également d'assembler 2 mèches de laine pour avoir un long cordon. Sinon, vous pouvez souder à l'eau et au savon deux longueurs de cordon, si vous n'en avez pas feutré les deux extrémités à assembler.

Les boules

• Prenez une petite quantité de laine et roulez-la entre les mains ou donnez-lui une forme grossière à l'aide d'une aiguille moyenne. Puis trempez-la dans de l'eau très chaude, savonnez-la et faites-la tourner entre les mains de plus en plus fort jusqu'à ce que la boule soit bien dense.

• Vous pouvez modifier cette boule en lui donnant une forme allongée, ou en mélangeant au préalable diverses couleurs.

• Nous pouvons convenir des tailles de boules utilisées dans différents thèmes de ce livre :

Grand format : 3 cm,
Moyen format : 2 cm,
Petit format : 1 cm,
Mini format : 0,5 cm.

Pop

Le collier ●●

Explications

Reportez les dessins des 2 fleurs (voir page 56) sur une feuille et découpez les 2 patrons. Épinglez-les sur les plaques de laine que vous aurez feutrées, de manière à découper 3 fleurs grand format en turquoise, fuchsia et orange et 3 fleurs petit format en fuchsia, rose pâle et orange. Cousez ou collez les petites fleurs sur les grandes et de la même façon, ajoutez une demi-boule au centre. Cousez les 3 fleurs sur un support de broche.

Fournitures

- 3 supports de broche
- 1 cordon de laine bordeaux
- 3 demi-boules moyen format : vert, fuchsia, orange
- Laines : turquoise, bordeaux, rose fuchsia, rose pâle, orange

Idée plus : les trois fleurs pourront être utilisées soit individuellement en broche, soit ensemble en collier ou en ceinture.

La ceinture ●●

Explications

Feutrez de petites plaques de laine dans lesquelles vous découperez 2 ronds de 10 cm, 2 ronds de 7 cm, 4 ronds de 6 cm, 2 ronds de 4 cm, 5 ronds de 3 cm et 5 ronds de 2 cm. Superposez ces ronds en les cousant ou en les collant (patron page 57), cousez-les entre eux et cousez-les également à 1 cordon couleur moutarde.

Fournitures

- 1 cordon moutarde de 180 cm
- Laines : bordeaux, vert mousse, vert anis, rose fuchsia, rose pâle, jaune, orange, bleu ciel, mauve, violette

Le panier

EXPLICATIONS

Avec l'embout muni des 4 aiguilles, feutrez grossièrement des mèches de laine d'une longueur de 30 à 80 cm.

Passez ces mèches entre les « mailles » formées par le cordage du panier. Nouez les mèches au début et à la fin à l'intérieur du panier.

FOURNITURES

- 1 panier ajouré
- Laines : 8 couleurs différentes

La pochette

EXPLICATIONS

Feutrez, avec la méthode du chablon (voir explications page 8), une pochette de 20 x 25 cm avec de la laine violette.

FOURNITURES

- Laines : violette, orange, bordeaux, rose

Une fois la pochette sèche, placez à l'intérieur un pain de mousse et réalisez un rond de 9 cm de diamètre avec de la laine orange, puis un autre, décalé par rapport au premier, de 5 cm de diamètre avec de la laine bordeaux et un troisième, rose, de 2 cm de diamètre. Faites une incision de 8 cm de large à 4 cm du bord, de chaque côté du sac, qui servira de poignée. Agrandissez légèrement cette ouverture à la grosse aiguille, après avoir glissé un pain de mousse à l'intérieur, et affinez-la avec la moyenne et la grosse aiguille.

Idée plus : cette forme de fleur peut aussi être montée en collier, en boucles d'oreilles ou en bijou de sac.

Le porte-monnaie ●●●

Explications

Avec la méthode du chablon (voir explications page 8), feutrez une pochette bicolore de 12 cm de large et 10 cm de haut.

Fournitures

- Tissu en coton noir
- 1 fermeture à glissière
- 1 boule petit format rose
- Laines : turquoise, bordeaux, verte

Pour vous aider auparavant à juxtaposer les 2 couleurs de laine, feutrez grossièrement, avec l'embout muni des 4 aiguilles, 2 bandes de laine horizontales. Cousez une doublure adaptée à la pochette, avec une fermeture à glissière. Découpez le motif de fleur (voir page 56) dans une plaque de laine verte, ou réalisez la fleur à l'aiguille en vous servant du même motif : découpez un gabarit de cette forme dans du carton et feutrez la fleur à l'aiguille à l'intérieur. Collez ou cousez une boule au centre de cette fleur et cousez celle-ci au fermoir de la fermeture à glissière.

Idée plus : vous pouvez, sur le même principe, customiser un sac en toile ou en velours...

Le pull

EXPLICATIONS

Reprenez les mêmes motifs de fleurs que pour le collier (schémas page 56), mais cette fois-ci évidez un carton avec ces formes pour obtenir 2 gabarits. Posez le plus grand d'entre eux sur le pull à l'emplacement choisi, après avoir glissé un pain de mousse à l'intérieur, et feutrez pour dessiner la fleur avec de la laine fuchsia, puis la plus petite en rose et faites au centre un cabochon violet. Décorez votre pull d'autant de fleurs que vous le souhaitez.

FOURNITURES

- 1 pull violet
- Laines : fuchsia, rose, violette

OTTOMAN

Le sac

EXPLICATIONS

Ici, le feutrage à la laine remplacera les coutures du sac. Coupez 2 panneaux de 27 cm de large sur 28 cm de haut, 1 rectangle de 27 x 8 cm, 2 rectangles de 28 x 8 cm et 2 lanières de 42 x 1 cm. Sur un panneau de 27 x 28 cm, reportez au crayon pour textile le dessin (schéma page 58). Dessinez le motif à l'aiguille moyenne, puis avec la fine, en plaçant un pain de mousse sous la plaque.
Collez les cabochons aux emplacements prévus.
Feutrez ensuite les deux côtés du sac, de 28 x 8 cm, sur une plaque de 27 x 28 cm, puis le fond à l'aiguille moyenne puis fine avec de la laine orange.
Les soudures sont apparentes vers l'extérieur.
Soudez ensuite le deuxième panneau de 27 x 28 cm puis les 2 anses, toujours avec le feutrage apparent qui remplace les coutures.

FOURNITURES

- 2 plaques de feutre technique de couleur bordeaux achetées dans le commerce
- 7 cabochons en verre de couleur rouge, orange, verte
- 1 crayon pour textile
- Laines : orange, jaune, verte

Le collier

EXPLICATIONS

Le collier est feutré autour d'une armature de fil de laiton, ce qui permet de l'articuler. Commencez par la tige, qui mesurera 1 mètre une fois terminée. Posez sur un pain de mousse une mèche de laine d'environ 20 cm et feutrez-la avec l'embout muni des 4 aiguilles. Déroulez le fil de laiton sur cette mèche, enroulez la laine autour, et feutrez avec l'aiguille moyenne puis la petite jusqu'à obtenir un cordon. Continuez ainsi à enrober votre fil de laiton sur une longueur de 1 mètre. De la même façon, feutrez 4 pétales dont les contours seront armés de fil de laiton. Pour relier les pétales entre eux et avec le cordon, entortillez les fils de laiton à leur base, puis avec le cordon.
Enrobez et feutrez le tout avec de la laine.
À l'autre extrémité, reliez le cordon avec une feuille vert foncé dont le contour aura été armé de fil de laiton. Dessinez également à l'aiguille les nervures en vert clair sur la feuille et façonnez les étamines en laine verte et jaune, que vous fixerez dans la fleur. Votre collier pourra également être utilisé en ceinture. En tant que collier, il peut être disposé de diverses façons : en 2 rangs et tour de cou, en sautoir noué, décalé, le cordon « plissé ».

FOURNITURES

- Fil de laiton
- Laines : bordeaux, vert foncé, vert pâle, jaune

Idée plus : on peut feutrer de la laine à tricoter, faire par exemple des boules avec des restes de pelotes.

L'écharpe

Explications

Feutrez, avec la méthode du chablon (voir explications page 8) et avec de la laine bordeaux, une écharpe qui mesurera environ 65 cm une fois terminée. Ici, l'effet recherché est d'obtenir une « dentelle » de laine. Pour cela, il vous faudra feutrer à l'eau et au savon une très mince couche de laine à manier avec précaution, surtout au moment du changement de sens entre deux feutrages. Laissez les trous apparaître, en faisant attention à ce que l'écharpe prenne corps et ne se délite pas. Tirez sur les extrémités entre deux feutrages dans la natte. Une fois l'écharpe rincée, essorée délicatement et sèche, travaillez le contour des trous à l'aiguille, pour être sûr qu'ils ne s'élargissent pas. Avec de la laine à tricoter, faites ensuite des volutes : incrustez la laine à l'aiguille dans l'écharpe. Pour avoir un feutrage parfait, vous pouvez feutrer encore une fois l'écharpe à l'eau et au savon.

Fournitures

- Laine : bordeaux
- Laine à tricoter : jaune, orange, rouge

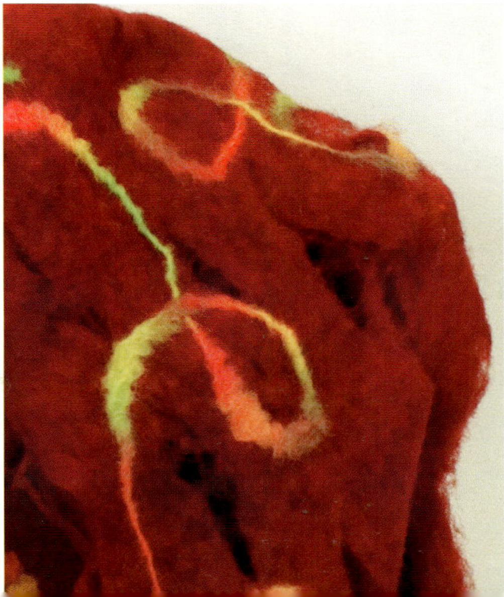

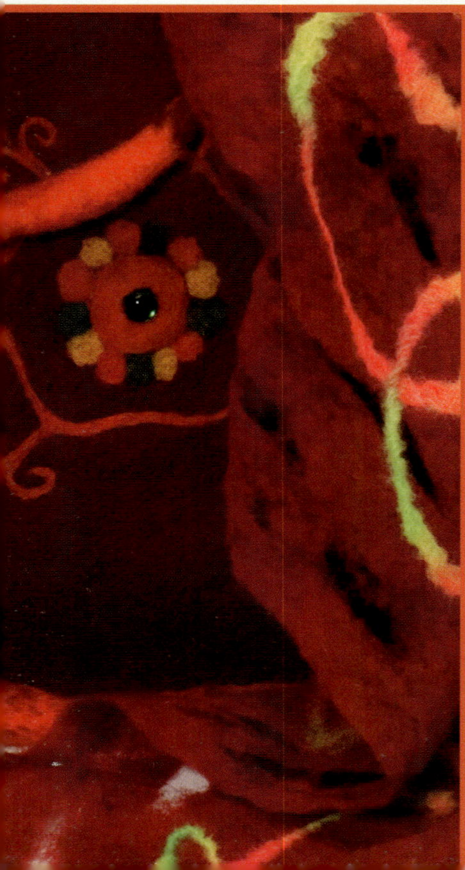

La ceinture

Explications

Feutrez 1 plaque de laine verte de 70 x 8 cm à l'eau et au savon. Une fois la ceinture sèche, cousez à chacune de ses extrémités 40 cm de cordon. Cousez au centre de la ceinture le plus grand des miroirs, puis 5 autres autour. Dessinez à l'aiguille entre les miroirs les 5 branches d'une étoile avec de la laine jaune, puis encore 5 petites branches couleur bordeaux (schéma page 59). Cousez ensuite à intervalles réguliers les 4 autres miroirs et dessinez les 5 branches d'une étoile. Réalisez ainsi 1 étoile bordeaux, 1 étoile verte, 1 étoile orange, 1 étoile rose.

Fournitures

- Des miroirs à coudre orange : 1 grand format et 9 petits formats
- 1 cordon de laine verte de 80 cm
- Laines : verte, jaune, bordeaux, orange, rose, vert anis

AFRIQUE

Le sac

Explications

Le sac est composé de 2 panneaux bicolores recto verso, d'un fond et de 2 côtés cousus. La façade du sac est feutrée avec des motifs ethniques. Feutrez un premier panneau rectangulaire qui aura à la fin de l'opération les dimensions suivantes : 42 cm de large sur 35 cm de haut. Étalez une première couche de laine grise, puis une deuxième couche marron, en prévoyant un rétrécissement d'un tiers.
Procédez au feutrage à l'eau et au savon.
Pour le deuxième panneau, répétez l'opération, mais arrêtez-vous au premier feutrage dans la natte de bambou. Vous aurez au préalable préparé des mèches de laine blanc cassé, que vous disposerez sur la laine mouillée en suivant le schéma page 60 : 3 serpentins verticaux et des points ronds. Mouillez de nouveau et continuez le feutrage. Si vous craignez que la première couche de laine ne refroidisse trop quand vous disposerez les motifs, vous pouvez réaliser un premier feutrage, ou préfeutre.

Fournitures

- 1 fermoir pression
- 2 cordons de 82 cm chacun, en laine marron
- Laines : marron, blanc cassé, grise

Feutrez 3 ou 4 fois le panneau de laine bicolore de manière que la laine ne soit pas très feutrée, rincez, laissez sécher, puis fixez à l'aiguille rapidement les motifs et enfin feutrez le tout à l'eau et au savon. Feutrez ensuite un rectangle pour y découper les bords : 2 fois 11 x 22 cm et 11 x 45 cm.
Découpez les 2 grands panneaux en suivant le patron page 60, puis assemblez le tout en cousant à la main ou à la machine, endroit contre endroit, les coutures étant à l'extérieur.
Fixez les 2 anses puis le fermoir.

Idée plus :

cette technique permet d'intégrer aisément des motifs dans le feutre. Elle peut être utilisée avec des fleurs, des cœurs, des ronds…

Idée plus : vous pouvez également réaliser des rastas de couleur et enfiler quelques perles en bois.

Le collier

Explications

Le collier est composé de 13 mèches « rasta » marron et 11 mèches blanc cassé ou bicolores. Pour réaliser ces mèches, procédez comme pour les cordons, sauf que les extrémités sont plus fines : roulez des mèches de laine savonnées et mouillées d'eau chaude. Elles devront mesurer de 13 à 17 cm pour celles du centre du collier. Ces dimensions comprennent la boucle de 5 cm pour fixer les mèches autour du cordon, soit en les collant, soit en les cousant. Vous pouvez mélanger un peu de laine marron avec la laine blanc cassé, pour obtenir un effet marbré.

Fournitures

- 1 cordon de 62 cm marron
- Laines : marron et blanc cassé

La ceinture

EXPLICATIONS

La ceinture est composée de 5 « escargots » marron et de 4 blanc cassé. Feutrez des cordons de 110 cm de long que vous enroulerez en les fixant avec quelques points de couture. Cousez les « escargots » entre eux en alternant les couleurs. Ajoutez une boucle de chaque côté (facultatif), nouez un lacet et terminez par une perle et un nœud.

FOURNITURES

- 2 boucles en cuivre (facultatif, celles-ci ont été trouvées dans une boutique d'artisanat africain)
- 2 perles en terre cuite noires (peuvent être remplacées par des perles en bois ou en corne)
- 1 lacet noir
- Laines : marron, blanc cassé

Idée plus : on peut aussi appliquer deux escargots sur un pull ou un manteau, à l'emplacement des poches.

Le bracelet

EXPLICATIONS

Enroulez chaque anneau en plastique avec une mèche de laine et nouez les 2 extrémités de la mèche. Alternez les couleurs par anneau. Mouillez et savonnez. Feutrez en frictionnant l'anneau et en le faisant tourner entre les doigts. Quand le tout est feutré, coupez le nœud et feutrez son emplacement en savonnant énergiquement avec de l'eau chaude. Assemblez les anneaux entre eux avec des liens en raphia au bout desquels vous aurez enfilé des coquillages (cauris ou autres). Comptez autant d'anneaux qu'il sera nécessaire pour faire le tour de votre poignet.
Le fermoir sera également constitué de liens de raphia et de coquillages.

FOURNITURES

- Anneaux en plastique de bouteille d'eau (à la base de l'ouverture)
- Coquillages cauris
- Raphia naturel
- Laine : marron et blanc cassé

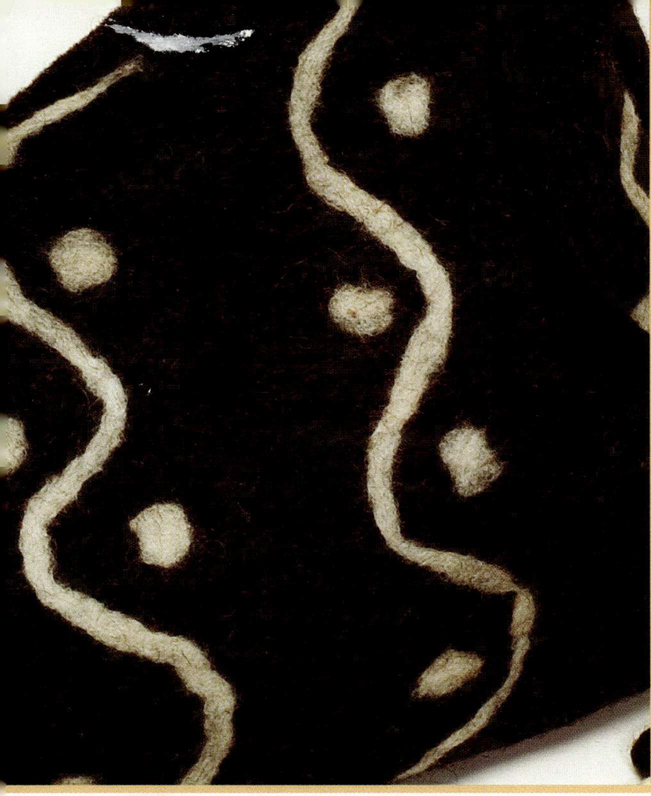

PASTILLES

Le sac

EXPLICATIONS

Feutrez 5 panneaux qui mesureront chacun 26 x 26 cm une fois l'opération de feutrage terminée. Cousez-les entre eux à la main ou à la machine, envers contre envers, les coutures apparentes. Feutrez 2 bandes de 70 x 60 cm, assemblez-les en les superposant pour former une anse épaisse. Cousez cette anse au milieu de 2 carrés formant le sac, en vis-à-vis.
Dans des plaques de couleurs variées, découpez 11 ronds de 4 cm et 11 de 2 cm. Superposez-les et fixez-les sur le sac, à l'aiguille, en leur centre avec une pointe de laine d'une troisième couleur.
Cousez les 2 parties du fermoir à la base de l'anse.

FOURNITURES

- Fermoir pression
- Laines : bleue, et des couleurs acidulées pour les pastilles

Le collier

Explications

Il vous faudra réaliser 50 pastilles en laine. Vous avez le choix entre les découper dans des plaques de laine de couleurs variées ou les réaliser à l'aiguille. Ici, nous avons préféré la seconde solution en nous aidant d'une règle en plexiglas avec différentes tailles de cercles évidés. Les pastilles réalisées à l'aiguille ont des bords plus arrondis, leur aspect est mieux fini. Leur diamètre peut varier entre 1,5 cm et 2 cm. Vous pouvez aisément remplacer cette règle par un gabarit découpé dans du carton.
Découpez ensuite 10 fines bandes de laine vert anis dans une plaque, dans les dimensions suivantes : 2 x 10 cm, 2 x 13 cm, 2 x 15 cm, 2 x 18 cm, 2 x 20 cm.
Fixez-les sur le cordon en réalisant une boucle autour que vous collerez ou coudrez à l'arrière. Disposez les plus courtes sur le côté et les plus grandes au centre. Collez ou cousez ensuite les pastilles dans l'ordre suivant, en partant de la première bande jusqu'à celle du centre : 3, 4, 5, 6, 7 ; puis de nouveau, de l'autre côté : 7, 6, 5, 4, 3.
Pour réaliser l'attache, cousez une boule moyen format à une extrémité et à l'autre extrémité formez une boucle et cousez-la.

Fournitures

- 1 cordon vert anis de 50 cm
- 1 boule moyen format
- Colle à textile
- Règle en plexiglas avec cercles évidés (facultatif)
- Laines : couleurs acidulées

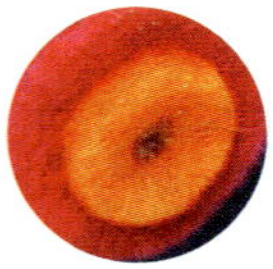
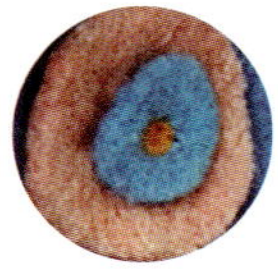
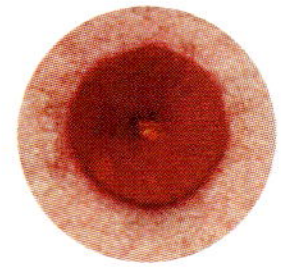

Le chapeau

Explications

Feutrez à l'aiguille 80 pastilles dans des tons de bleu et de vert anis ou réalisées avec ces couleurs mélangées. Leurs tailles peuvent varier entre 2 et 4 cm. Cousez les pastilles entre elles en vous aidant d'une forme ronde comme un petit ballon, par exemple.

Fournitures

- Fil à coudre
- Laines : camaïeu de couleurs, bleu à vert anis

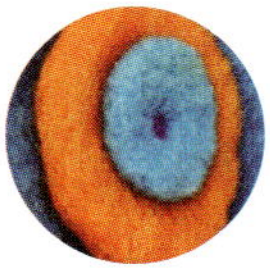

Le bracelet

Explications

Feutrez 45 pastilles à l'aiguille. Ici, elles devront avoir le même diamètre de 2 cm. Enfilez-les sur un élastique, nouez les 2 extrémités, puis cachez le nœud dans une pastille.

Fournitures

- Fil élastique
- Laines dans des tons acidulés

La trousse

Explications

Avec la méthode du chablon (voir explications page 8), feutrez une pochette en laine rose qui mesurera 22 x 8 cm une fois terminée. Cousez une fermeture à glissière. Feutrez 8 pastilles de couleurs variées, enfilez-les sur un fil de nylon que vous fixerez au fermoir de la fermeture à glissière. Repassez le fil sous la dernière pastille et camouflez le nœud entre la dernière et l'avant-dernière pastille.

Fournitures

- Fil nylon
- 1 fermeture à glissière
- Laines : rose et des couleurs variées pour les pastilles

Idée plus : des empilements de pastilles peuvent être cousus en bas d'une écharpe, sur le haut d'un bonnet, etc. Ce style est particulièrement adapté aux vêtements d'enfants.

AUTOMNE

L'écharpe

EXPLICATIONS

Feutrez des plaques de laine de couleurs automnales, ainsi que ces couleurs mélangées entre elles. Vous pouvez également feutrer une plaque en lui donnant un aspect gaufré : froissez-la pendant le feutrage et faites-la sécher en boule. Découpez 60 feuilles mesurant entre 3 et 9 cm (modèles page 62). À l'aiguille, faites des petites taches jaunes ou rouille, dessinez des nervures en vert.
Évidez l'écharpe de 2 ou 3 formes de feuilles.
Cousez les feuilles sur l'écharpe de façon clairsemée, puis regroupées à chaque extrémité en laissant pendre des feuilles sur les côtés et en bas de l'écharpe.

FOURNITURES

- 1 écharpe en laine polaire de couleur kaki
- Laines : marron, jaune, orange, rouille, verte...

Idée plus : vous pouvez reprendre le motif feuilles pour customiser l'encolure d'un pull. Avec un gabarit, dessinez des feuilles incrustées et cousez quelques feuilles pleines.

Le sac

Explications

Feutrez grossièrement à l'aiguille, en les mélangeant un peu, 3 bandes verticales de laine dans les couleurs suivantes : orange, jaune et vert mousse, pour former 2 panneaux de 35 x 35 cm et un de 30 x 20 cm. Feutrez ces panneaux à l'eau et au savon en leur donnant un aspect gaufré : il faut, dès que la laine se densifie, la rouler entre les mains afin de la froisser et laisser les panneaux de laine sécher en boule. Une fois l'opération de feutrage terminée, coupez les panneaux en suivant le patron page 61 et cousez-les entre eux à la main ou à la machine, envers contre envers, les coutures apparentes. Avec une paire de ciseaux, toujours en suivant le patron, faites des incisions pour pouvoir y faire coulisser une courroie. Passez le cordon par ces passants. Cousez à chacune de ses extrémités une feuille découpée dans la même plaque que le sac. Cousez l'anse de 95 cm d'un côté à l'autre du sac, à l'intérieur de celui-ci.

Fournitures

- 2 cordons : 1 cordon de 95 cm pour l'anse et 1 de 50 cm pour la courroie
- Laines : orange, jaune, vert mousse

Les gants ●●

Explications

Réalisez à l'aiguille ou découpez 2 feuilles de chêne par gant ; réalisez à l'aiguille deux glands (voir schéma page 63) par gant. Cousez-les sur les gants, à l'emplacement du poignet.

Fournitures

- 1 paire de gants verts
- Laines : orange, vert clair, vert mousse, jaune, rouille...

La broche

Explications

Découpez la feutrine en reproduisant le schéma page 63. Feutrez chaque « pétale » à l'aiguille avec une couleur différente, ainsi que le contour et le centre. Cousez des paillettes et des perles de rocaille superposées au centre, ainsi que des perles « baguettes » pour séparer les pétales. Cousez la broche sur un support.

Fournitures

- 1 support de broche
- Feutrine verte
- Perles de rocaille : jaunes, vertes, orange
- Paillettes dans les mêmes tons
- Laines : jaune vif, verte, bordeaux, rouille, orange, rose

NOIR ET BLANC

Le pull

EXPLICATIONS

Dans la plaque de laine blanche, découpez environ 40 formes de pétales (schémas page 60), qui peuvent mesurer entre 4 et 5 cm de long. Veinez-les avec des filets de laine grenat. Laissez quelques pétales blancs. Cousez les pétales autour de l'encolure, puis en suivant un mouvement descendant, superposés en tuiles. Cousez des perles de verre en haut de chaque pétale autour de l'encolure, puis de façon aléatoire sur d'autres pétales.

FOURNITURES

- Pull en laine noire
- Perles de verre couleur cassis
- Plaque de laine blanche
- Laine : grenat

Idée plus : ce thème peut, bien sûr, être décliné avec des pétales de couleur pastel.

La pochette

Explications

Découpez 9 pétales blancs (schémas page 60).
Veinez-en quelques-uns avec de la laine grenat. Cousez 7 d'entre eux autour du rabat de la pochette et les deux restants au milieu de la bandoulière. Cousez ensuite des perles de verre en haut de chaque pétale.

Fournitures

- 1 pochette de velours noir
- Perles de verre cassis
- Plaque de laine blanche
- Laine : grenat

Les boucles d'oreilles

Explications

Découpez 2 pétales de taille identique (schémas page 60). Veinez-les légèrement. Enfilez d'abord la perle puis le pétale sur monture.

Fournitures

- Montures de boucles d'oreilles argentées
- 2 perles de verre cassis
- Plaque de laine blanche
- Laine : grenat

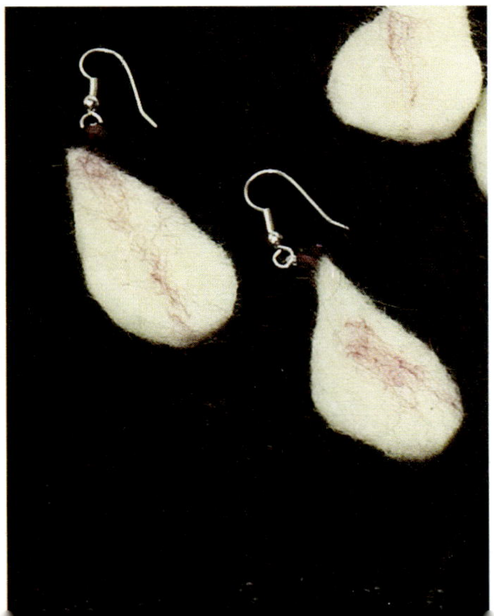

Le bracelet

Explications

Découpez 7 pétales blancs (schémas page 60).
Veinez-en quelques-uns et cousez-les en rond au centre du ruban avec des perles de verre.
Nouez le ruban pour le fermer ou adaptez un fermoir.

Fournitures

- 1 ruban de satin rouge
- Perles de verre cassis
- Plaque de laine blanche
- Laine : grenat

POP

Le collier 100 %

Orange ou
bleu ciel ou
rose fuchsia

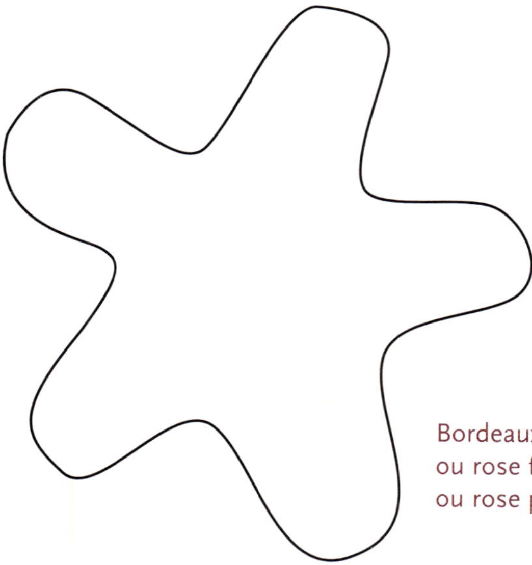

Bordeaux
ou rose fuchsia
ou rose pâle

Le porte-monnaie 100 %

Fleur verte

La ceinture 25 %

1 = orange
2 = mauve
3 = bordeaux
4 = bleu ciel
5 = violet

6 = rose fuchsia
7 = vert anis
8 = vert mousse
9 = rose pâle
10 = jaune

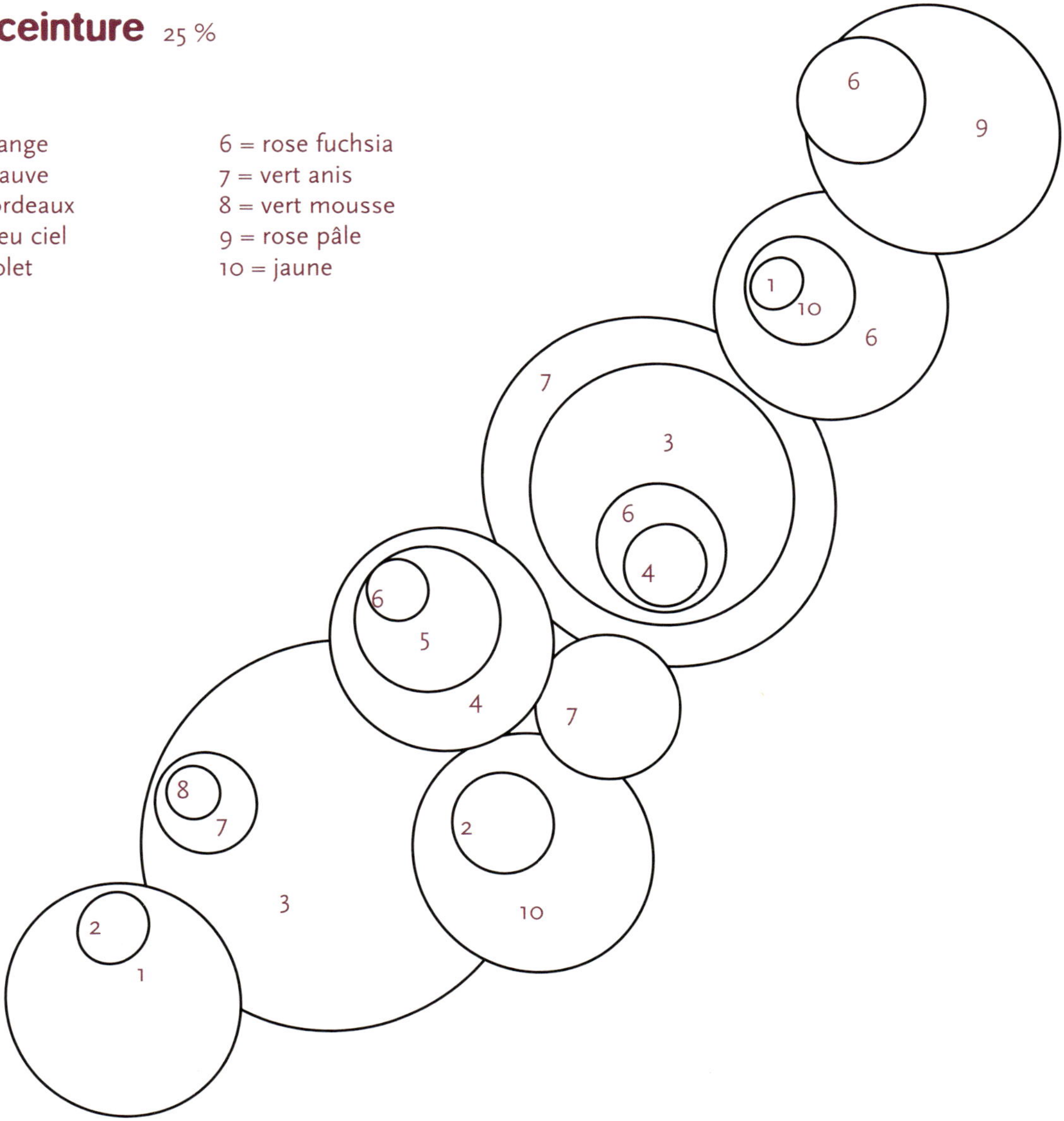

OTTOMAN

Le sac 100 %

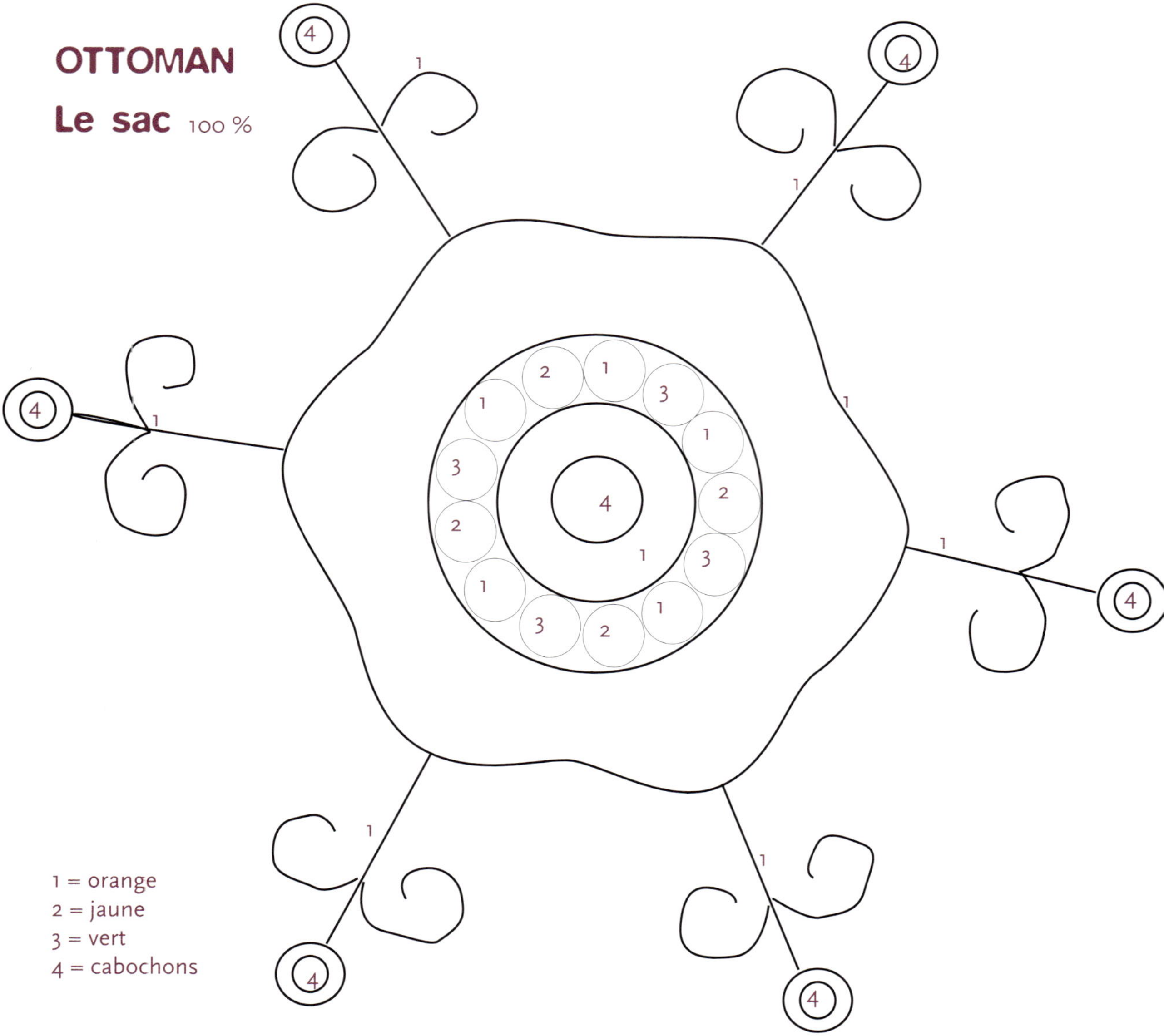

1 = orange
2 = jaune
3 = vert
4 = cabochons

La ceinture 100 %

1 = jaune
2 = bordeaux
3 = miroir

AFRIQUE

Le sac 25 %

1 = marron
2 = blanc cassé

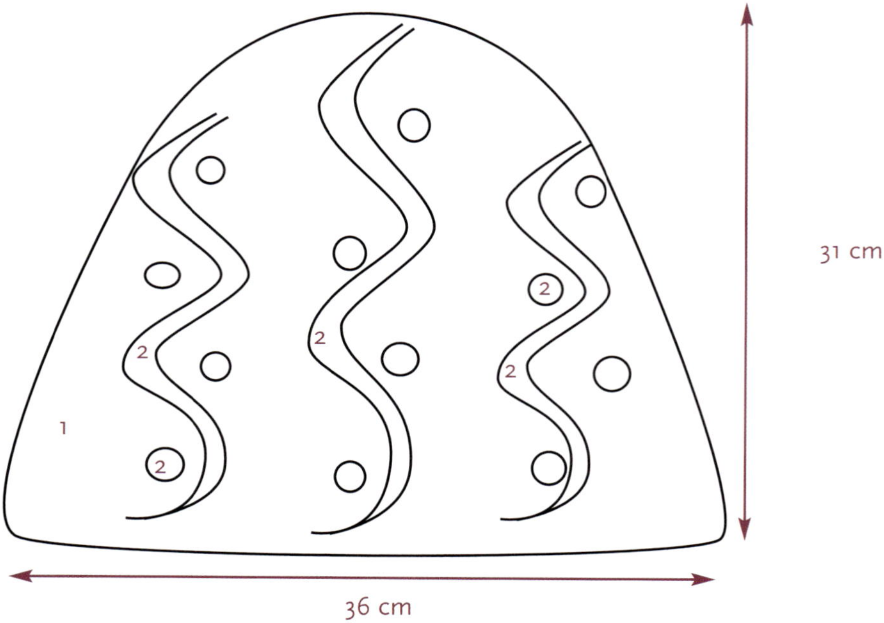

NOIR ET BLANC

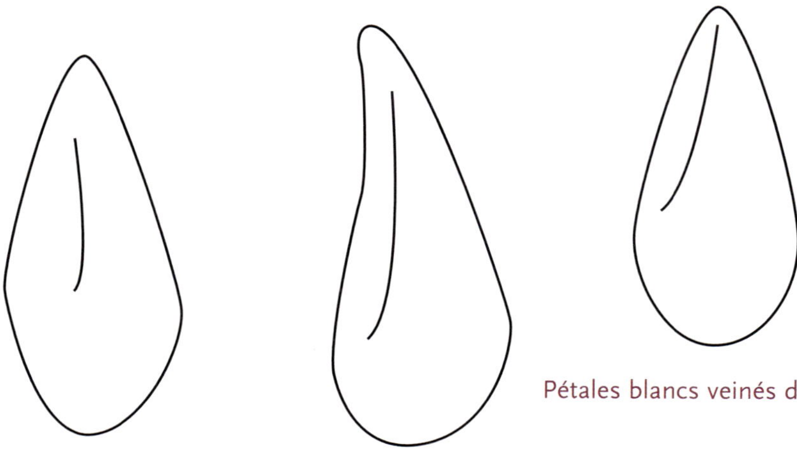

Pétales blancs veinés de laine grenat

AUTOMNE

Le sac

Panneau avant et arrière du sac

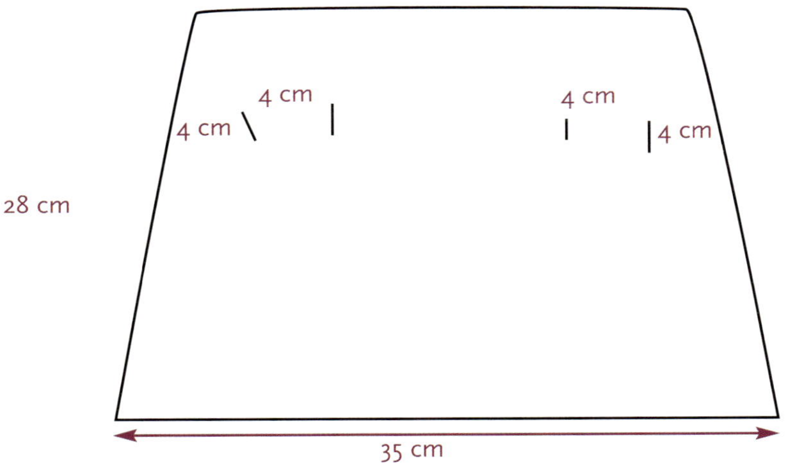

Mélange orange, jaune, vert mousse

Fond du sac

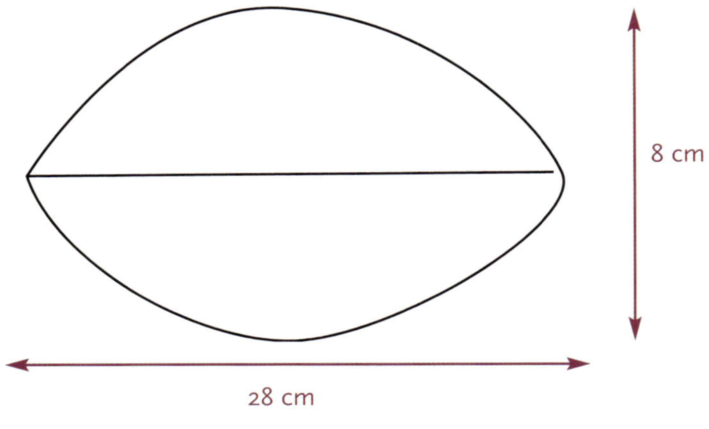

L'écharpe

Dans la collection LTA Tendance

CHAQUE VOLUME : 17,5 X 19,5 CM - 64 PAGES - BROCHÉ - 9 €

Gris-gris et porte-bonheur, vol. 1

C. Nivet, E. Sicsic, G. Sorato

ISBN 2-283-58668-2
ISBN 978-2-283-58668-6

Gris-gris et porte-bonheur, vol. 2

C. Nivet, E. Sicsic, G. Sorato

ISBN 2-283-5858669-0
ISBN 978-2-283-5858669-3

Créations en laine feutrée, vol. 1

Catherine Pluvinage

ISBN 2-283-58664-X
ISBN 978-2-283-583664-8

Créations en laine feutrée, vol. 2

Catherine Pluvinage

ISBN 2-283-58673-9
ISBN 978-2-283-58673-0

Yoyos, accessoires de mode

Catherine Rouchié

ISBN 2-283-58666-6
ISBN 978-2-283-58666-2

Bijoux en plumes

Annic Hurtrer

ISBN 2-283-58670-4
ISBN 978-2-283-58670-9

Crochet, accessoires de mode

Bernadette Baldelli

ISBN 2-283-58677-1
ISBN 978-2-283-58677-8

Crochet créatif et raffiné

Bernadette Baldelli

ISBN 2-283-58691-7
ISBN 978-2-283-58691-7

La broche

1 = vert
2 = rouille
3 = bordeaux
4 = rose
5 = orange
6 = jaune vif

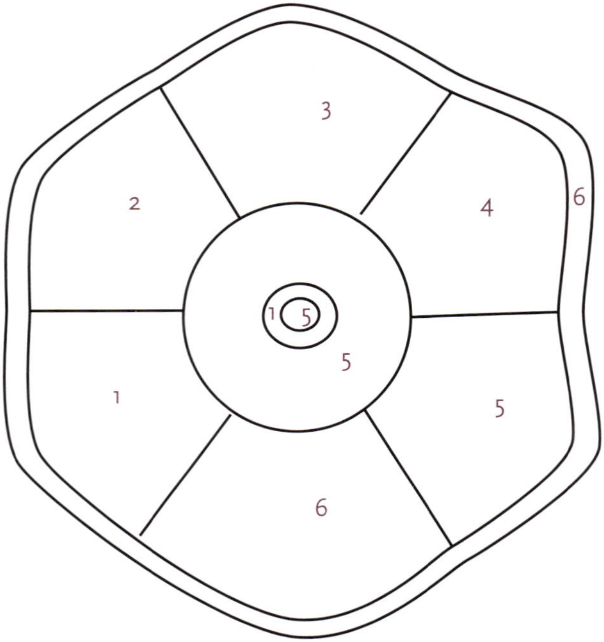

Les gants

1 = vert
2 = jaune
3 = rouille
4 = vert mousse